Die Bergische Kaffeetafel

Angelika Hajesch/Carola Wolf

Die Bergische Kaffeetafel

Verlag Gronenberg

ISBN 3-88265-172-5

Printed in Germany 1992, überarbeitet 2000

Geschichte und Geschichten zur Bergischen Kaffeetafel

Rezepte

Geschichte und Geschichten zur Bergischen Kaffeetafel

Koffendrenken met allem dröm on dran

Von Willi Münch*

Seitdem das Niederbergische Heimatmuseum Wülfrath sich im Rahmen seiner volkskundlichen Aufgaben der Pflege der Bergischen Kaffeetafel angenommen hat, sind fast zehn Jahre vergangen. Innerhalb dieser Zeit ist es gelungen, dem fast schon in Vergessenheit geratenen, deftigen *Koffendrenken met allem dröm on dran* viele neue Freunde zu gewinnen und es vor dem endgültigen Verschwinden zu

* Herr Münch ist Leiter des Niederbergischen Museums Wülfrath und stellte uns den folgenden Beitrag für dieses Buch freundlicherweise zur Verfügung.

bewahren. Auch zukünftig wird die Bergische Kaffeetafel im Niederbergischen Heimatmuseum eine Pflegestätte haben, die jeder interessierten Besuchergruppe offensteht.

Es ist ein Erlebnis besonderer Art, in dem bäuerlichen Herdraum des Museums die alten Möbel und Geräte zu benutzen und bei knisterndem Kaminfeuer die Atmosphäre einer Bergischen Kaffeetafel zu genießen. Auf den alten, eichenen Bauerntischen steht Korinthenweißbrot, Milchreisbrei, Bienenhonig. Bergisches Schwarzbrot, Quark, Butter, Waffeln aus Weizenmehl, Zucker und Zimt; oder plattdeutsch ausgedrückt: *Krentensemel, stiewen Ries, Honnig, Schwattbruad, Klatschki-es, fresche Botter, Waffelen, Zocker on Kaneel.* Beherrscht wird die Kaffeetafel von der zinnernen bergischen Kaffeekanne, der *Dröppelmina*. Ursprünglich wurden die Waffeln vielfach aus Hafermehl hergestellt. Weizenmehl war in weiten Teilen des Bergischen Landes lange Zeit kein alltägliches Lebensmittel. So deckte zum Beispiel nach einem Bericht des Wülfrather Bürgermeisters Bastian aus dem Jahre 1837 der Weizenertrag bei weitem nicht den eigenen Bedarf. Erst nach 1850 wurde dem Getreideanbau zu Lasten der Viehzucht mehr Aufmerksamkeit geschenkt. Seit dieser Zeit breitete sich der Weizenanbau zunehmend aus. Erheblichen Anteil an den schlechten Weizenerträgen hatten auch die schweren, teils steinigen Ackerböden des Bergischen Landes. Statt des Honigs wurde selbsthergestelltes Apfel-, Birnen- oder Rübenkraut verwendet, wie überhaupt die Bergische Kaffeetafel je nach dem Wohlstand ihrer jeweiligen Schöpfer verschie-

dene Varianten hatte und mehr oder weniger reichhaltig war. Im Verlauf der zweiten Hälfte des 19. Jahrhunderts erreichte sie mit allen, für damalige Begriffe kulinarischen Ingredienzen ihre höchste Blüte. Was zu dieser Zeit durchweg auf dem Kaffeetisch stand, sind mindestens die eben genannten Bestandteile vom Korinthenweißbrot bis zur kaffeegefüllten *Dröppelmina*. Vorwiegend um Fastnach waren auch *Bullebäuskes*, walnußgroße Hefeteigbällchen, die in besonderen Pfannen in heißem Fett gebacken wurden, oder *Muzen*, in heißem Fett in der eisernen Kasserolle gebackene Ballen von Pfirsichgröße, geschätzte Leckerbissen auf dem Bergischen Kaffeetisch. Aus dem Bericht einer alten Wuppertalerin über eine *Aultbergesche Koffevisite 1898* geht hervor, daß sogar Zwieback *tem Zoppen*, zum Eintauchen in den

Kaffee, und *Pottku-eken*, Topfkuchen, die Bergische Kaffeetafel bereichert haben.

Wie die Dröppelmina zu ihrem Namen kam

Genau genommen ist die Bergische Kaffeetafel ein im Ausland geborenes Kind. Ihr wichtigstes Requisit, die bauchige Kaffeekanne, gelangte, wie auch Kaffee und Reis, über Holland ins Bergische. Die Beziehungen des Bergischen Landes zu Holland wurden besonders im 17. und 18. Jahrhundert stark gefördert durch die Stammes- und Sprachverwandtschaft. Hinzu kamen die engen Handelsbeziehungen zu den Holländern. Sie kauften Eisenwaren der bergischen Handwerksbetriebe. Auch war Holland Exportgebiet der Bleicher an der Wupper. Das bergische Weidevieh war holländischer Rasse. Erntearbeiter und Viehmelker kamen aus dem holländischen Raum ins Bergische Land. So ist

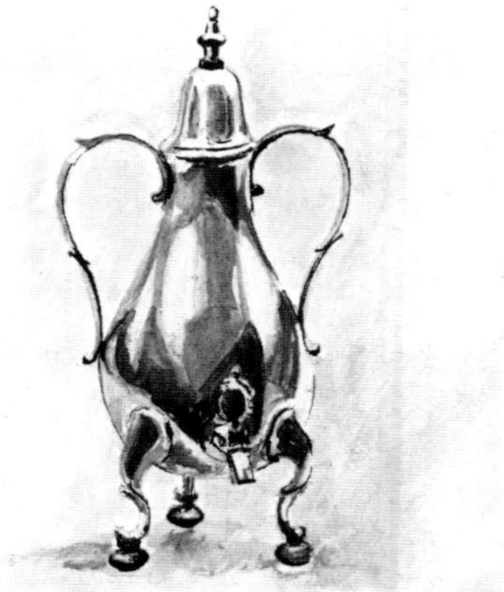

es erklärlich, daß der Einfluß der holländischen Kultur des 18. Jahrhunderts überall im Bergischen deutlich zu beobachten ist. Auch die *Dröppelmina*, Kaffee und Reis bürgerten sich als holländische Dinge so fest bei uns ein, daß ihre Herkunft in Vergessenheit geriet. Die Ahnen der bauchigen Kanne sollen sogar aus dem Fernen Osten stammen. Es gibt eine hübsche Erzählung, in der berichtet wird, wie der ehemalige holländische Vollmatrose Pit Griet Anno siebzehnhundertsoundso sich nach dem Vorbild einer zerbrochenen japanischen Porzellankanne in der Geschirrgießerei des Mijnheer Graacht die erste *Dröppelmina* gießen ließ. Nach dem Guß soll Mijnheer Gracht beschlossen haben, die Fabrikation der Kanne im großen zu betreiben und die Märkte damit zu beschicken. Schon bald darauf habe dann die

Kanne auf den Messen in Köln, Xanten und anderer niederrheinischer Städte Aufsehen erregt. Es dauerte auch nicht lange, da wurde die zinnerne Kaffeekanne von bergischen Zinngießern hergestellt. Ihr Nachteil war, daß sie meist einen vom Kaffeesatz verstopften Ausguß hatte. Häufig tropfte die Nase des Ausgusses kurz nach dem ersten Aufdrehen des Kränchens nur noch ein wenig. Dann hob man den Deckel und schlug heftig mit der flachen Hand auf den Kannenrand, damit die so gepreßte Luft den Kaffeesatz herausstoßen möge. Es gab noch andere, derbe Methoden, um den Kaffee zum Fließen zu bringen. Ein Wuppertaler Schriftsteller berichtete aus der Zeit um 1850, daß die Hausfrauen mit einer Haarnadel oder einem Birkenreisig in dem Ausfluß *herumgeporkelt* hätten; oder man habe

mit vollen Backen in den Ausguß hineingeblasen, wobei fast jedesmal der Kaffee über den Tisch oder in den geöffneten Mund des Hilfsbereiten geflossen sei. Jedenfalls muß wohl der ständig verstopfte, meist langsam tropfende Ausguß der Kanne den Namen *Dröppelmina* eingebracht haben. Später hat der Kaffeefilter diese Unzulänglichkeit behoben. Stattdessen tropfte nun der gefilterte Kaffee unablässig aus dem nie ganz dichten Kränchen, wenn es geschlossen war, weil der abdichtende Kaffeesatz fehlte. Man half sich, indem man ein kleines Gefäß als Tropfenfänger darunter setzte.

Obwohl in Köln, der einstigen Hauptstätte niederrheinischer Zinngießerei und ebenso in den übrigen linksrheinischen Zinngießerstädten wie Aachen, Krefeld, Gladbach und Neuß die Produktion seit 1750 schnell abnahm, blieb das Bergische Land seinen Zinngeräten treu. Anderwärts galt Zinn inzwischen als unmodern. Im Bergischen hingegen gingen die Zinngießer unbeirrt ihren Weg weiter und bis heute ist die Werkstätte des Wuppertaler Meisters Barkhaus noch in Betrieb*, während die Werkstatt von Meister Gösser vor Jahren geschlossen worden ist. Für die kaffeefesten bergischen Familien wurde seit dem 18. Jahrhundert eine unübersehbare Zahl von zinnernen *Dröppelminas* geschaffen, bis 1780 mit birnenförmigem Bauch und drei Füßen, nach 1780 urnenartig geformt und auf einem Fuße stehend. Die größten Kannen faßten bis zu zwanzig Liter. Solche Riesengefäße konnten nur gutsituierte Familien mit echtem Bohnenkaffee füllen, denn um die Mitte des 18. Jahrhunderts war der

* auch diese Zinngießerei besteht heute nicht mehr.

echte Kaffee wegen seines hohen Preises noch eine Delikatesse für Wohlhabende. In weiten Kreisen der ärmeren Bevölkerung wurde *Muckefuck* getrunken, ein Kaffee-Ersatz, der aus Zichorienwurzeln oder gebranntem Roggen- oder Gerstenmalz hergestellt wurde. Nur bei besonderen Anlässen leisteten sich ärmere Haushalte auch einmal ein paar Lot echten Bohnenkaffees.

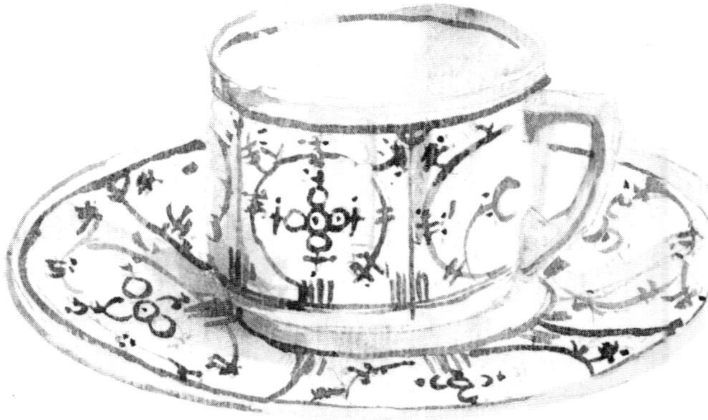

Von Kaffee, Waffeln und Brezeln

Einige Jahrzehnte hat es gedauert, bis der Kaffee sich als Getränk in Deutschland verbreitet hatte. Über Venedig kam er 1624 nach Europa, 1670 erstmals nach Deutschland. In Nürnberg und Regensburg wurden 1686, in Hamburg 1687 und in Stuttgart 1712 bereits Kaffeehäuser eröffnet. Auf dem Lande und bei der einfachen Bevölkerung fand der Kaffee viel später Eingang. Friedrich der Große ließ Staatskaffeebrennereien errichten, wo man den Kaffee sechsmal so teuer bezahlen mußte wie beim Kaufmann; er machte den Kaffeehandel zum Monopol und nur der Adel, die Geistlichkeit und höhere Beamte durften selbst Kaffee brennen. Das Landvolk sollte sich nicht an den Kaffee gewöhnen, damit nicht soviel Geld aus

dem Land flösse. Schon 1650 hatten die Holländer einige Kaffeebäumchen aus Mekka nach Batavia gebracht. 1719 kam dann der erste javanische Kaffee nach Holland, von wo aus er sehr bald ins Bergische Land kam. In Deutschland nahm der Kaffeeverbrauch im Verlauf des 19. Jahrhunderts erheblich zu. Er betrug im Deutschen Zollverein in den Jahren 1838—1840 2,3 Pfund pro Kopf der Bevölkerung, in den Jahren 1865—1867 bereits 4,12 Pfund pro Kopf. Wer es sich leisten konnte, ließ den *Muckefuck* stehen und füllte seine *Dröppelmina* mit echtem Kaffee.

Länger schon als der Bohnenkaffee gehören Schwarzbrot, Quark und Honig oder Kraut auf den Kaffeetisch. Sie waren im Bergischen Volksnahrungsmittel. Gute Butter und Weißbrot hingegen waren noch vor 1850 für weite

Kreise der bergischen Bevölkerung keine alltäglichen Selbstverständlichkeiten. Statt des Weißbrotes wurde vielfach ein Mischbrot aus Roggen- und Hafermehl gegessen oder in späterer Zeit ein Mischbrot aus Roggen- und Gerstenmehl.

Waffeln wurden ursprünglich in zangenartigen Eisen, die ins Herdfeuer gelegt wurden, gebacken. Sie bestanden meist aus Hafermehl mit Wasser und Zucker oder einem anderen Süßmittel wie Kraut oder Honig. Hin und wieder wurden diese Waffeln auch mit Eiern verfeinert. Als im 19. Jahrhundert die eisernen Wendewaffeleisen aufkamen, legten die Hausfrauen ihre Zangeneisen beiseite.

Zu den wesentlichen Bestandteilen der Bergischen Kaffeetafel gehörte lange Zeit auch die *Burger Bretzel*. Einst war sie weit über das

Bergische Land hinaus beliebt, aber seit vielen Jahren ist sie außerhalb ihres Ursprungsortes Burg an der Wupper nur noch selten zu sehen. Früher gab es in jeder bergischen Stadt einen oder mehrere Brezelbäcker. Der Ursprung der Brezelbäckerei als Spezialität der Burger geht auf die Zeit der französischen Herrschaft zurück. Als um 1790 die Sansculottenheere Westdeutschland heimsuchten, hat nach der Überlieferung ein kranker französischer Soldat bei einem Burger Bäckermeister in Quartier gelegen. Durch die gute Pflege des Bäckermeisters genesen, soll der Franzose, ebenfalls Bäcker von Beruf, aus Dankbarkeit seinem Gastgeber das Rezept zum Backen feiner Brezeln gegeben haben. Urkundlich nachgewiesen sind die Burger Brezeln bereits für das Jahr 1796. Aus einem Wülfrather Hofbuch geht hervor, daß

im Jahre 1807 anläßlich eines Begräbnisses 134 Brezeln verzehrt worden sind.
Die jüngste Zutat der Bergischen Kaffeetafel ist der Milchreisbrei. Reis kam zwar bereits seit dem frühen 18. Jahrhundert aus Ostindien über Holland nach Deutschland, galt jedoch bis um 1850 noch als Luxusware. Seitdem aber hat er sich mehr und mehr den Volksnahrungsmitteln zugesellt. 1855 wurden durchschnittlich 672 451 Zentner Reis in Deutschland eingeführt; 1870—1874 aber schon 1 891 699 Zentner. Die Sitte, Milchreisbrei aufs Brot zu streichen, ist in weiten Teilen des Bergischen Landes bekannt. In einer Mitteilung aus dem Oberbergischen vom Jahr 1855 heißt es u. a.: *Schicke doch noch was Ries (Reis), denn wir haben noch kein Kraut gemacht, wozu wirs noch brauchen* . . . Aber auch im Niederbergischen

wurde der Reis nicht nur mit dem Löffel aus der Schüssel gegessen, sondern auch als Brotaufstrich verzehrt. Der Inbegriff des Köstlichen war für viele Menschen im Bergischen Land früher eine Schnitte selbstgebackenen Rosinenstutens, dick mit Butter und Honig oder Kraut bestrichen und mit einer fingerdicken Reisschicht bedeckt.
Das Niederbergische Heimatmuseum Wülfrath gibt seinen interessierten Besuchern folgende Gebrauchsanweisung für den Bergischen Kaffee: „*Die Weißbrotschnitte wird reichlich mit Butter belegt, diese ebenso reichlich mit Honig bestrichen und das Ganze mit einer fingerdicken Reisschicht bedeckt. Schließlich werden, je nach Geschmack, Zucker und Zimt auf die Reisschicht gestreut. Haben Sie sich solch ein Prachtexemplar zu Gemüte geführt, tun Sie sich an den*

Waffeln gütlich. Der ganze Schmaus wird mit einer Schnitte Schwarzbrot, bestrichen mit Butter und Quark, abgerundet.“
Diese kräftige Unterlage wurde häufig dazu benutzt, in gemütlicher Runde noch einen *Klaren* zu trinken, der häufig gezuckert war. Beliebt war stattdessen auch ein *Opgesadden*, ein auf Schwarze Johannisbeeren, Zucker und Vanille aufgesetzter Kornbranntwein.

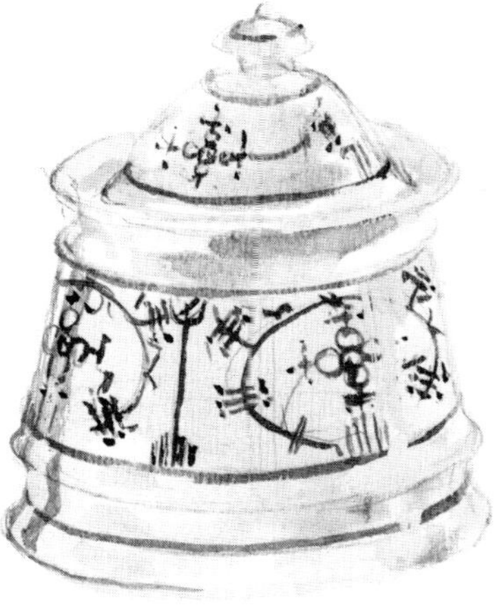

Rezepte

Ballebäuschen

250 g Mehl
100 g Butter
50 g Zucker
1 Päckchen Vanillezucker
6 Eier
1/2 Teelöffel Backpulver
4 Eßlöffel Milch
Fett zum Ausbacken

Eier, Butter, Zucker und Vanillezucker schaumig rühren. Mehl mit Backpulver vermischt hinzugeben und die Milch unterrühren. Den Teig löffelweise in das heiße Fett geben und von beiden Seiten goldgelb backen. Mit Puderzucker bestäubt heiß servieren.

Quarkballebäuschen

250 g Mehl
250 g Quark
100 g Zucker
100 g Butter
4 Eier
2 Päckchen Vanillezucker
1 Päckchen Backpulver
4 Eßlöffel Milch
Fett zum Ausbacken, Butter

Eier, Butter, Zucker und Vanillezucker schaumig rühren, anschließend den Quark hinzufügen. Mit Mehl, Backpulver und der Milch zu einem geschmeidigen Teig verrühren. Löffelweise in heißem Fett von beiden Seiten goldgelb backen und sofort servieren.

Hefeballebäuschen

500 g Mehl
5 Eier
100 g Butter
1/4 l Milch
20 g Hefe
125 g Zucker
Fett zum Ausbacken

Eier, Butter und Zucker verrühren. Die mit etwas Milch und Zucker angesetzte Hefe mit dem Mehl und der restlichen lauwarmen Milch unterkneten und zu einem lockeren Teig verarbeiten. Eine Stunde gehen lassen, dann goldgelb ausbacken und mit Puderzucker bestreut servieren. Nach Belieben können auch frische Waldbeeren oder Preiselbeeren eingebacken werden.

Rosinenballebäuschen

500 g Mehl
200 g Rosinen
125 g Butter
5 Eigelb
8 Eiweiß
abgeriebene Schale 1/2 Zitrone
1 Messerspitze Zimt
1/4 l lauwarme Milch
30 g Hefe
2 Eßlöffel Zucker
1 Prise Salz
Fett zum Ausbacken

Butter und Eigelb schaumig rühren. Die mit Milch, Zucker und Salz angesetzte Hefe mit dem Mehl vermischt unterkneten, Zitronenschale, Zimt und Rosinen hinzufügen. Den Teig kräftig kneten, zum Schluß das zu steifem Schnee geschlagene Eiweiß untermengen. Den Teig 1 1/2 Stunden gehen lassen, dann portionsweise in heißem Fett zu goldgelben Ballebäuschen backen.

Muzen

500 g Mehl
4 Eigelb
4 Eiweiß
1 Prise Salz
3 Eßlöffel Zucker
etwas Milch
1 Päckchen Backpulver
Fett zum Ausbacken

Eigelb mit Zucker und Salz schaumig rühren. Nach und nach das mit Backpulver vermischte Mehl und etwas Milch hinzufügen. Zum Schluß das zu steifem Schnee geschlagene Eiweiß unterziehen und, je nach Belieben, Rosinen untermischen. Den Teig teelöffelweise in das heiße Fett geben und unter häufigem Wenden schwimmend von allen Seiten goldgelb backen. Die erkalteten Muzen mit Puderzucker bestreut servieren.

Reisbrei

1 l Milch
etwas Butter
1 Teelöffel Salz
abgeriebene Schale 1/2 Zitrone
200 g Milchreis

Milch, Butter, Salz und Zitronenschale zum Kochen bringen. Gewaschenen Milchreis hineingeben und bei kleiner Hitze ca. 30 Minuten ausquellen lassen.
Nach Belieben mit Schlagsahne verfeinern und mit Zucker und Zimt bestreut servieren.

Einfache Waffeln

125 g Butter
30 g Zucker
3 Eier
1 Päckchen Vanillezucker
250 g Mehl
1 Teelöffel Backpulver
1/4 l Milch
1 Speckschwarte zum Einfetten

Eier, Butter, Zucker und Vanillezucker schaumig rühren. Das mit Backpulver vermischte Mehl und die Milch nach und nach zugeben. Das heiße Waffeleisen mit der Speckschwarte einfetten, den Teig schöpfkellenweise hinein-

geben und goldgelb backen.
Noch heiß mit Reisbrei, Zimt und Zucker servieren.

Feine Waffeln

250 g Butter
200 g Zucker
4 Eigelb
4 Eiweiß
abgeriebene Schale 1/2 Zitrone
150 g Mehl
150 g Stärkepuder
1/2 Teelöffel Backpulver
1 Prise Salz
1 Speckschwarte zum Einfetten

Butter, Zucker, Eigelb und Zitronenschale schaumig rühren, dann das zu Schnee geschlagene Eiweiß unterziehen. Mehl, Stärkepuder, Backpulver und Salz hinzufügen und alles zu einem feinen Teig verarbeiten.

Den Teig portionsweise im vorgeheizten, gefetteten Waffeleisen backen bis er goldbraun ist.

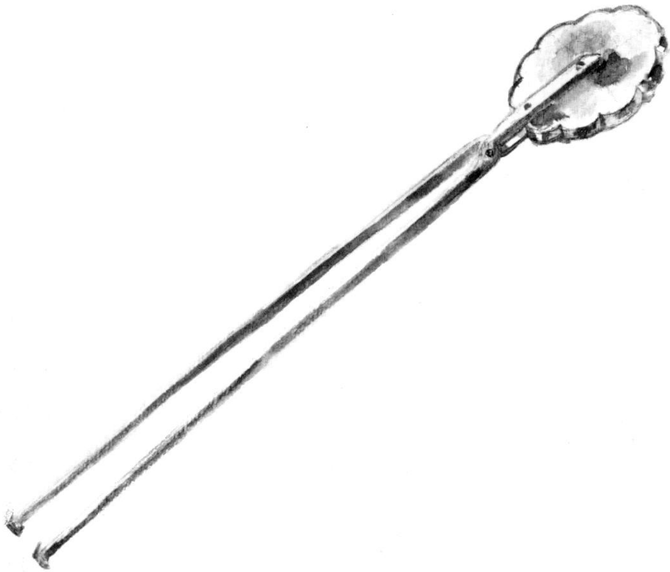

Hefe-Waffeln

375 g Mehl
25 g Hefe
1/4 l lauwarme Milch
125 g Butter
50 g Zucker
4 Eier
1 Prise Salz
abgeriebene Schale einer Zitrone
1 Speckschwarte zum Einfetten

Die Hefe mit etwas Milch, Mehl und Zucker verrühren und 15 Minuten gehen lassen. Butter, Zucker, Eier, Salz und Zitronenschale schaumig rühren, und nach und nach das Mehl mit der angesetzten Hefe unterkneten und den Teig nochmals 1/2 Stunde gehenlassen. Das vorgeheizte Waffeleisen mit der Speckschwarte einfetten, den Teig löffelweise einfüllen und goldgelb backen.

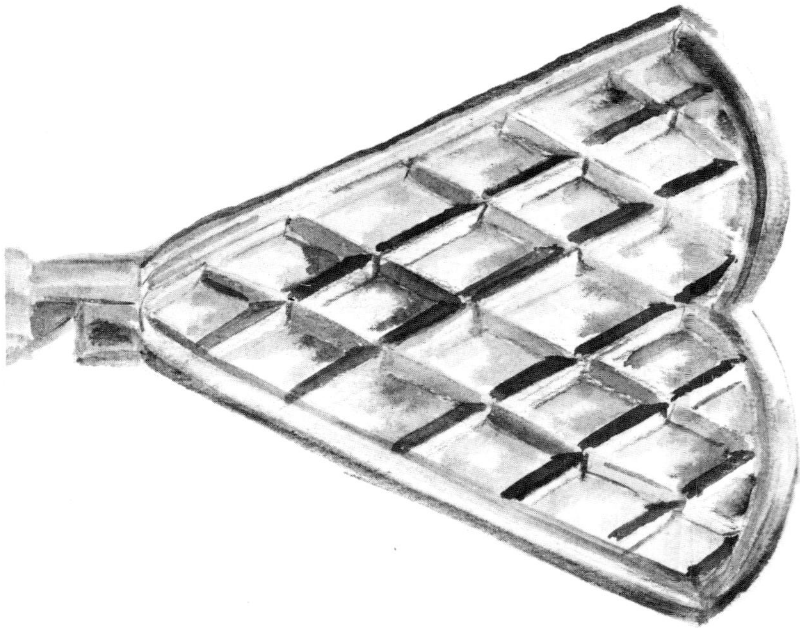

Kartoffelwaffeln

1 000 g Mehl
1 500 g Kartoffeln
4 Eier
3/4 l Milch
20 g Hefe
1 Teelöffel Salz
1 Speckschwarte zum Einfetten

Hefe mit etwas Zucker, Milch und Mehl ansetzen und 15 Minuten gehen lassen. Inzwischen die Kartoffeln schälen und reiben; mit Eiern, Milch, Salz, Mehl und der Hefe zu einem geschmeidigen Teig verarbeiten und nochmals gehen lassen. Im eingefetteten, vorgeheizten Eisen portionsweise goldbraune Waffeln backen. Kartoffelwaffeln mit Schwarzbrot, Butter, Apfel- oder Rübenkraut zum Mittag- oder Abendessen servieren.

Röllchenwaffeln

Röllchenwaffeln in den unterschiedlichsten Geschmacksvarianten wurden bereits im 17. Jhdt. gebacken. Die Handhabung der speziellen Röllchenwaffeleisen, oft reich verziert und mit Namen der Eigentümer versehen, erforderte schon eine gewisse Geschicklichkeit. Das über dem Herdfeuer erhitzte Eisen wurde löffelweise mit dem flüssigen Teig gefüllt, der nach kurzer Backzeit in noch heißem Zustand zu Röllchen gedreht wurde.
In gut verschlossenen Blechdosen aufbewahrt, bleiben die Waffeln lange Zeit frisch und knusprig.

Einfache Röllchen

125 g Butter
1 Ei
125 g Zucker
1/4 l lauwarmes Wasser
125 g Zucker
1/2 l lauwarme Milch
500 g Mehl
1 Prise Salz

Butter, Ei und 125 g Zucker schaumig rühren. Den restlichen Zucker im warmen Wasser auflösen und Milch, Mehl und Salz hinzufügen und das Ganze zu einem flüssigen Teig verarbeiten. Eine Stunde ruhen lassen. Den Teig eßlöffelweise in die Form füllen, kurz backen und noch heiß über einem Löffelstiel zu Röllchen formen.

Feine Röllchen

125 g Butter
125 g Zucker
4 Eier
1 Teelöffel Zimt
1 Teelöffel Rum
1 Prise Salz
125 g Mehl

Butter, Zucker, Eier und Gewürze schaumig rühren, mit dem Mehl zu einem dickflüssigen Teig verarbeiten. In die erhitzte Form jeweils einen Teelöffel des Teiges füllen und nach kurzer Backzeit noch heiß zu Röllchen formen.

Zimtröllchen

250 g brauner Kandis
1/4 l Wasser
2 Eier
50 g geschmolzene Butter
1 Teelöffel Zimt
2 Teelöffel Rum
250 g Mehl

Die Zutaten der Reihe nach miteinander verrühren und erhitzen und einmal aufkochen lassen. Den abgekühlten Teig teelöffelweise im vorgeheizten Eisen backen und sofort zu Röllchen drehen.

Eisröllchen

3 Eier
100 g Puderzucker
1 Päckchen Vanillezucker
100 g Mehl
1 Prise Salz

Eier mit dem Puderzucker schaumig rühren. Mit Vanillezucker, Mehl und Salz zu einem flüssigen Teig verrühren. Eßlöffelweise in die Form geben, kurz backen und zu Röllchen formen. Die abgekühlten Röllchen mit Schlagsahne gefüllt zu Eisdesserts reichen.

Aufgesetzter

150 g schwarze Johannisbeeren
150 g weißer oder brauner Kandis
1 Stück Vanilleschote
1 Flasche Korn

Gewaschene Johannisbeeren mit Vanilleschote und Kandis in eine weithalsige Flasche geben. Mit Korn übergießen und ca. 8 Wochen durchziehen lassen.

Von der Genügsamkeit im alten Bergischen Bauernhaus

Wie ein Hadekäs zubereitet wird, weiß heute kaum noch jemand: war nämlich im Käsesack oder Käsetuch der Käse lang genug ausgelaufen, wurde er in einen Topf gelegt. Man fügte sodann Salz, gemahlene Nelken (Nägelchesmehl), Zimt (Kaneel), Fenchel (Fennigel) und Pfeffer hinzu, knetete alles gut durch und formte dann Kugeln verschiedener Größe.
Die Kugeln wurden zum Trocknen ausgelegt auf Brettern, die zu diesem Zweck an den Fenstern des zweiten Stockwerks angebracht waren und die mit dickem, gereinigtem Kornstroh belegt waren. Schließlich wurden sie auf dem Söller, auf den „Käsehüetchen" gelagert, bis durch Gärung Fäulnis entstanden war.

Der so zubereitete Hadekäs war der ganze Stolz einer jeden Hausfrau. Er wurde zu jeder Gelegenheit auf der Kaffeetafel präsentiert. Der Hadekäs kam dann auf ein „Botterstöck“ oder „Botterdong“, dick mit Butter bestrichen und wurde stets mit großem Appetit verzehrt. Erwartete man zur Kaffeetafel Besuch, so kamen als Beigabe zum Kaffee das selbst gebackene Schwarzbrot, dazu Reibekuchen, Reibewaffeln und Mehlwaffeln auf den Tisch. Torten, Weißbrot und süßes Gebäck fand man recht selten bei den bergischen Bauern.
Der „Kaffee“ wurde noch selbst gebrannt, und zwar aus Korn oder Gerste. Als Brotaufstrich („Z'schmerre“) gab es Butter, Honig, gemengter Käs, Hadekäs, „fule Käs“, „Kröckchen“, „Krock“ und bei besonderen Gelegenheiten noch geräucherte Bratwurst. Bei den

Essen nach Begräbnissen (Reueessen) aß man außerdem Reisbrei zu den Blatzschnitten.

Weitere Bücher aus dem Verlag Gronenberg:

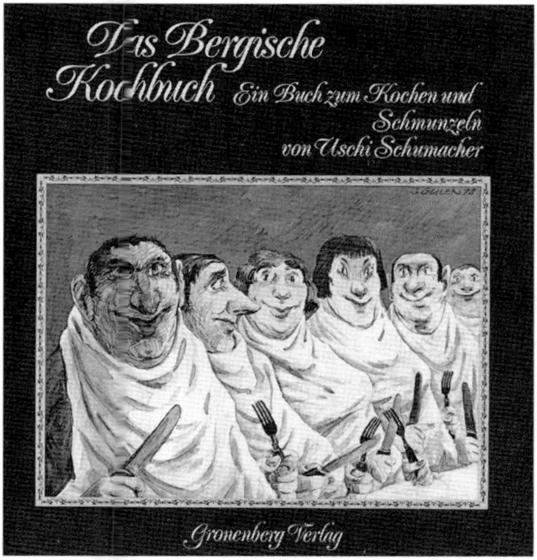

Das Bergische Kochbuch
von Uschi Schumacher

Ein Buch zum Kochen und Schmunzeln.
Format ca. 23 x 23 cm, Umfang 144 Seiten,
mit über 50 Karikaturen und Zeichnungen.
(ISBN 3-88265-019-2)

€ 16,80

Omas Bergische Backstube
von Uschi Schumacher und Rainer Michel

Ein Buch mit mehr als 50 erprobten Rezepten
und gekonnten Illustrationen.
Format: 20 x 16 cm, Umfang 80 Seiten.
(ISBN 3-88265-096-6)

€ 9,80

Erhältlich in allen guten Buchhandlungen